はじめて読む
林禅寺住職）

はじめに

「禅」は知っていても、「禅語」という言葉は聞いたことがないという方も多いのではないでしょうか。禅語は、禅宗に伝わる逸話や語録などから生まれた言葉です。何百年も前に生まれたものですが、その中には現代の私たちにも通じる知恵や教えがたくさん詰まっています。

本書は、はじめての人でも読みやすいように、日常の例を織り交ぜながらわかりやすくまとめました。本書を通して、禅語の味わい深い世界に触れてみてください。

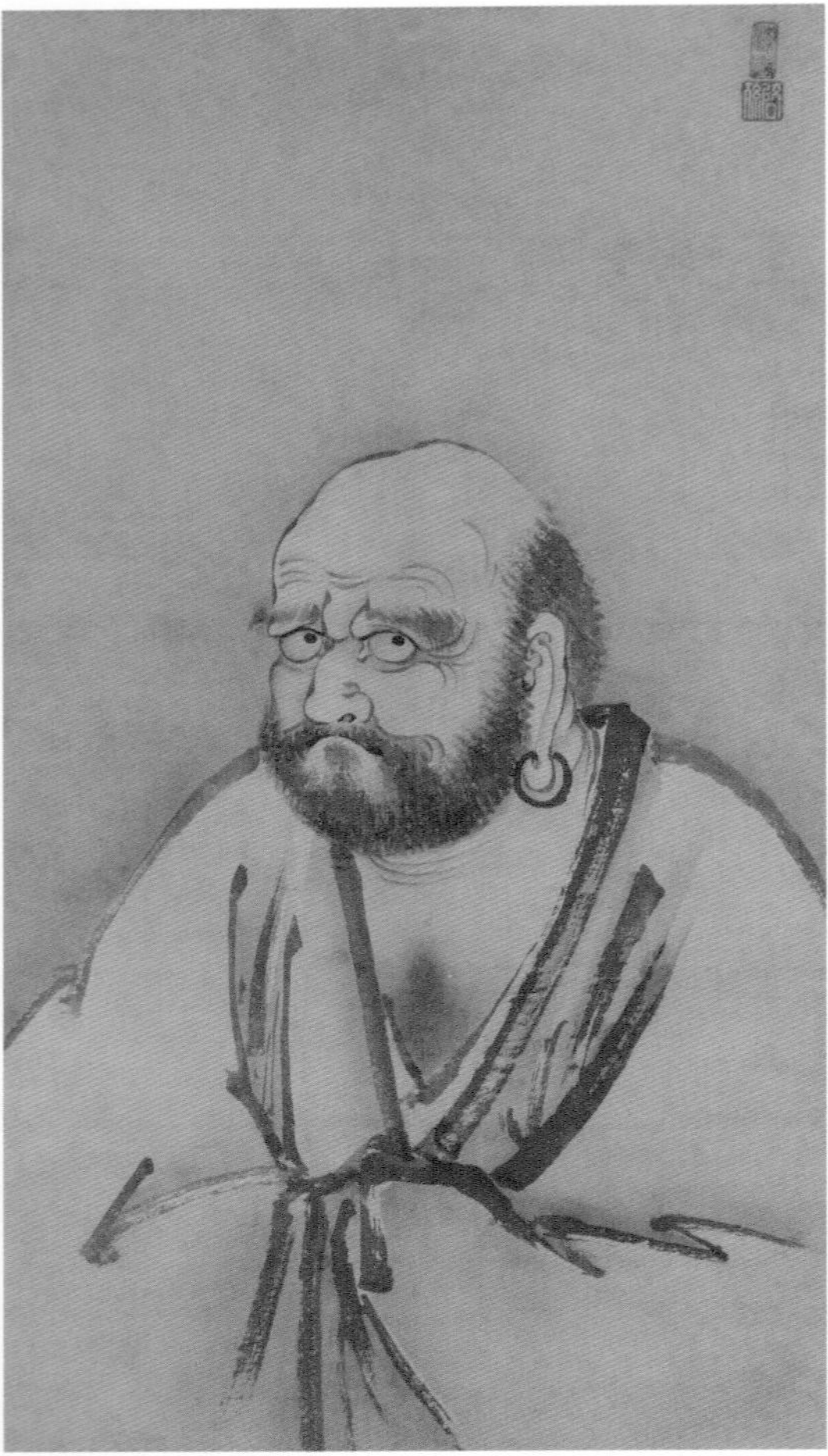

啓孫 達磨図（板橋区立美術館蔵）

提供：金澤翔子／アフロ

もくじ

第3章　うまく付き合う

第4章　自分と向き合う

第5章 一歩を踏み出す

第6章　心をラクにする

第1章　禅語とは

禅語とは

禅語は、禅宗に伝わる逸話や語録などから生まれた言葉です。わずか数文字の短いフレーズですが、そこには生きるヒントとも言うべきたくさんの知恵や教えが凝縮されています。

私たちが普段使っている言葉にも、禅語が元になっているものが多くあります。例えば「脱落」。もともとは〝何事にもとらわれない境地に達する〟ことを意味していましたが（「脱」は解脱《げだつ》、「落」はこだわらない境地）、そこから転じて、現代の〝抜け落ちる〟という意味になったと言われています。

また、茶席で飾られる掛け軸にも禅語が書かれています。これは、お茶を広めた千利休らが、禅の精神に深く影響を受けたためです。

禅宗のなりたち

仏教の中で、坐禅を修行として行う宗派（臨済《りんざい》宗・曹洞《そうとう》宗・黄檗《おうばく》宗など）のことを禅宗といいます。禅宗は、六世紀の初めに釈迦から数えて二十八代目の達磨大師《だるまだいし》によって、インドから中国に伝えられました。達磨大師はその名前からもわかるように、「だるま」のモデルとなった人物です。

日本に禅宗が本格的に入ってきたのは、鎌倉時代のこと。栄西によって臨済宗が、道元によって曹洞宗が伝えられました（黄檗宗は江戸時代）。臨済宗が悟りを開くための坐禅や公案《こうあん》（禅問答…悟りを開くための課題）を修行の基本としているのに対し、曹洞宗は無心でひたすら打ち込む坐禅、日常生活も修行であるという考え方を基本としています。ちなみに、私たちがよく知っているとんちで有名な「一休さん」は、臨済宗の一休禅師がモデルになっています。

禅の精神

私たちは普段、「努力しているのに結果が出ない」「失敗しないだろうか」などといった不安や悩みを常に抱えながら生きています。では、このようなとき、どうすればラクになれるでしょうか。

禅の精神を一言で表すと「とらわれず、シンプルに生きること」です。求めすぎたり執着しすぎたりすると苦しくなるので、それをやめましょうという考え方です。

禅（禅語）の教えは、「暮らしの基本」でもあります。例えば、私たちがよく耳にする「挨拶」や「一期一会」は、禅語から生まれた日常語です。これらを実践し、一日一日を丁寧に生きることで、私たちは心を調《ととの》えることができます。心が調えば、感情に振り回されることなく、穏やかに過ごすことができるのです。

広がる禅

京セラや第二電電（現KDDI）の創業者である稲盛和夫氏が、坐禅をルーティンワークとしていたことは有名な話です。米Appleの創業者スティーブ・ジョブズも、iPhoneのデザインに「無駄なものをそぎ落とす」という禅の考え方を取り入れています。

近年、世界各国から、たくさんの人々が禅（ZEN）の修行のために日本を訪れています。彼らが求めているものは、自分と向き合う時間であったり、すべての雑念を拭《ぬぐ》い去った心なのだとか。情報が溢れ、変化のスピードが速い世の中だからこそ、禅はこれまで以上に多くの人に必要とされているのかもしれません。

禅を取り入れた生活を

禅（禅語）の教えは、「暮らしの基本」です。あなたも、禅を取り入れた生活を始めてみてはいかがでしょう?

例えば、禅で最も大切なこととされている掃除。修行僧たちの一日は、朝早く起きて徹底的に掃除することから始まります。すべてを迅速に行い、一心に自分の作業に取り組みます。これは、限られた時間を有効に使うということから来ています。

私たちの生活にそのまま取り入れることは難しいかもしれませんが、時間を有効に使うという姿勢や、使った道具をあるべき場所にきちんと戻す整理整頓（次に使うときに探す手間が省ける）といったことは、実践することができます。

また、禅の基本である坐禅に挑戦してみるのもいいでしょう。ひたすら自分と向き合い、心を調《ととの》える時間をつくるのです。自宅でも簡単にできますが、坐禅会を開いているお寺もたくさんありますから、そこから始めてみるのもひとつの方法でしょう。

効能や効用を考えたり成果を期待するのではなく、姿勢を調え、深い呼吸が自然とできるようになるのが理想です。

第2章　穏やかに暮らす

挨拶《あいさつ》

知りたいと強く思う気持ち

「挨」は〝押す・自分から〟、「拶」は〝迫る・近づく〟という意味です。もともとは、修行僧たちが問答をする中で、お互いの修行や悟りの程度を知ることを指しました。積極的に相手を知りたいと思う気持ち、これが挨拶です。

いい人間関係は、気持ちいい挨拶から始まります。目を合わせて、きちんと気持ちを込めて。今日も一日、「よろしくお願いします！」。

看脚下《きゃっかをみよ》

足元を見つめ直す

これは、足元に気をつけよという教えです。

私たちは日々を過ごす中で、忘れたくないほど幸せなときもあれば、逃げ出したくなるほどイヤなときもあります。不安でどうしていいかわからない。まわりに頼ってみたけれど、答えが見つからない。誰かに当たる自分がイヤになる。

そんなときは、思い切って立ち止まりましょう。自分の足元を見つめ直し、基本に立ち返ることが大切です。ヒントは案外、すぐそばにあるのかもしれませんよ。

喫茶去《きっさこ》

一杯のお茶が心を開く

　苦手な人と接するとき、どう距離を縮めていいか悩んだ経験は誰もがあると思います。そんなときはまず一杯、お茶を飲み交わしましょう。ほっと一息つくころには、本音を聞いたり、素を見られたりするかもしれません。

　一杯のお茶は、ねぎらいや歓迎、安心など、さまざまな気持ちを伝えることができます。どんなときでも、どんな相手とでも、お茶を共にする心の余裕を持っていたいものですね。

元気《げんき》

元気は分け合える

私たちの体に宿っている〝気〟が、はつらつとしている状態を「元気」と言います。元気があれば、どんなことにも前向きに取り組むことができます。元気は人から人に伝わります。元気がない人を見つけたら、喋りかけたり、一緒にご飯を食べたりして、元気をおすそ分けしてあげてください。反対に、いくらがんばっても元気が出ないときは、頭に夢や理想を思い浮かべてみましょう。

一期一会《いちごいちえ》

今日の出会いを大切に

日々の出会いに感謝し、心を込めて接することの大切さを説いた禅語です。たとえ参加する人が同じであったとしても、今日の茶会は再現できない。だから誠心誠意を尽くそう、という茶道の心得にもなっています。

すべての出会いは一生に一度きりです。同じ人に幾度会っても、今日のこの瞬間は二度と訪れません。日常は繰り返されると考えがちですが、毎日を生涯に一度しかない日だと考えれば、心を込めて過ごせます。

手荷物取扱所
小荷物貨物取扱所
帯品一時預り所
20時まで
16時まで
終日禁煙

老婆心《ろうばしん》

誰に対しても親切な心を

「風邪をひくといけないから、腹巻きをして寝るのよ」。おばあちゃんは、いつもあれこれと世話を焼いてくれます。そこまでしなくても…と感じることもありますが、心配してもらえることはとてもありがたいことです。

おばあちゃんのような誰に対しても分け隔てない優しい心を持てば、あなたの日常もきっと温かなものになるでしょう。

知足《ちそく》

気づけば幸せはやってくる

幸せになるために必要なことって、何だと思いますか？　一生遊んで暮らせるだけのお金を手に入れること？　好きな人と結婚すること？　答えは簡単、自分が今「足りている」状態であることに気づくことです。

欲望にはきりがありません。欲しかった洋服を手に入れたら、次はそれに合う靴やアクセサリーが欲しくなるものです。満足であることを知れば心は落ち着き、不平不満も湧いてこなくなるはずです。

円相《えんそう》

余分も不足もない完全無欠の形

円は不思議な形。ボールやドーナツのように見える一方で、切れることのない縁や、始まりも終わりもない永遠に続く宇宙を想像することもできます。あなたはまぁるい円に、何を感じますか？

洗心　せんしん

心はいつもピカピカに

疲れた、だるい、面白くない。あなたの口からこんな言葉が出てきたときは、心の汚れがたまっているサインかもしれません。自身を見つめ直し、すぐに洗い流しましょう。例えば、部屋に花を飾るとか、動物と遊ぶとか。コンサートに行くのもいいでしょう。

禅では掃除が大切なこととされています。心がきれいに保たれていれば、あらゆることを余裕を持って受け止めることができるのです。

閑古錐《かんこすい》

重ねた時間の分だけ良さが出る

学生のころから使い続けている手帳、入社したときに買った名刺入れ。手放せない愛用品が、誰でもひとつはあるものです。

「古錐」とは、使い込まれて先が丸くなった錐《キリ》のこと。機能的には劣っても、長年使い込んだものには、新しいものにはない味や魅力があります。人間も同じです。そう考えると、歳を重ねることもすばらしいと思いませんか？

且緩々《しゃかんかん》

まぁ、焦りなさんな

部長に昇進したてのあなた。結果を早く出そうと、朝からがんばりすぎていませんか？　ピアノを習い始めたあなた。先生の教えるペースが遅くて、イライラしていませんか？

「且緩々」は、焦らずじっくりやりなさいという教え。これは、早く悟りを開きたいと焦った弟子が、師匠を質問攻めにしたときに言われた言葉です。気持ちが前のめりになってしまうときは、まずは大きく深呼吸を。

安閑無事

あんかんぶじ

平穏な日々に感謝！

同じ時間に起き、同じ電車に乗り、同じデスクで仕事し、時間がきたら帰る。変化のない毎日は、時にとても退屈に感じられるものです。そんなときは、こう考えてみてください。「今日一日を不安になることもなく、怒りで心を乱されることもなく、安らかに過ごすことができた！」

感謝の気持ちさえあれば、私たちはいつでも幸せに過ごすことができるのです。

春水満四澤

しゅんすいしたくにみつ

時が解決してくれる

　結婚して子どもができると、私たちは親がどんな気持ちで自分を育ててくれていたのかが、手に取るようにわかるようになります。「春水満四澤」は、春の訪れとともに山を閉ざしていた雪が解け、うららかな陽気とともに四方の沢を豊かに満たしていく様子のことです。今はあなたにとって思わしくない状況だとしても、親の気持ちが理解できるようになったのと同じように、機が熟せば必ず成就するでしょう。

日々是好日《にちにちこれこうにち》

その日その日を大切に生きる

失敗してしまった日を「悪い日」と考えることは、自然なことです。しかし、失敗という経験を得ることができたと考えると、「いい日」とも思えてきませんか？

本当は「悪い日」も「いい日」もありません。その日その日に感謝し大切に生きましょう。それだけで、人生は何倍も楽しくなるはずです。

14 赤口
22 友引
21 先勝
29 先負
20 赤口
27 先勝
26 赤口

コラム

玄関が果たす役目

私たちが普段、何気なく使っている玄関という言葉。現代では建物への出入口という意味でしか使われませんが、実はこれも禅語からきています。「玄」は悟りへの道、「関」は〝せき止めるもの〟。「玄妙の道に入るための門」という意味から、仏道の入口である「禅寺の門」を指すようになりました。玄関はもともと、神聖な場所だったのですね。

今でも禅寺に行くと、玄関に「看脚下」や「脚下照顧」などと書かれているのをよく目にします。ここでは、靴を揃えなさいという意味ですが、足元を今一度見直すことで、あなた自身もきちんと基本に忠実であるか改めて見つめ直してみましょう、という深い意味もあります。

もし、あなたの家の玄関が散らかっていたり、しばらく掃除していないようであれば、きれいに整えましょう。

第3章　うまく付き合う

我逢人《がほうじん》

出会いはすべての始まり

自分だけでは見えないことがあります。自分だけでは知ることができない世界があります。出会いはすべての始まりです。誰かと出会うことで、自分は成長していけるのです。

人付き合いは面倒なときもありますが、人と出会ったらチャンスだと思いましょう。初めは嫌いだった人が、生涯の親友に変わることだってあるかもしれません。

桃李不言下自成蹊

とうりものいわざれど
したおのずからけいをなす

いい人間性はいい人間関係を生む

桃や李《すもも》は毎年美しい花を咲かせ、豊かな実をつけます。「きれいですよ」「おいしいですよ」と自ら言葉を発することはありませんが、たくさんの人たちがやってきて、木の下には自然と道ができます。

もしあなたが今、人気を得るために必要以上に気を遣ったり、プレゼントをしたりしているのであれば、今すぐやめましょう。自分を磨くだけで、人は自然と集まってくるはずです。

以心伝心

いしんでんしん

気持ちは心で通じ合うもの

誰かに気持ちを伝えたいと思うとき、どんな言葉を並べても表現しきれないことがあります。これは気持ちが本来、心と心で通じ合うものだからです。

子どもが見えなくなるまでずっと見送る母親と、手を振り返す子ども。落としてしまった財布を届けてくれた青年と、力の込もった握手を何度もする外国人旅行者。言葉はなくても心は伝わる、これが「以心伝心」です。

花枝自短長《かしおのずからたんちょう》

いろいろな人がいるから楽しい

並木道を歩くと、遠目からは同じように見えていた木が、それぞれ違う大きさや枝ぶりであることに気づきます。

私たち人間も同じ。ひとつの組織の中には、いろいろな個性を持った人たちが集まっています。最近は、運動会や学力テストで順位を発表しないということもあるようですが、大切なのはお互いを認め合うこと。違いがあって当然、違いがあるから惹かれるのです。

遠観山里色

とおくさんりのしきをみる

離れて初めて気づくことがある

「こんな田舎に住むのはもうイヤだ！」「本当にこの人と結婚してよかったのだろうか」。

私たちは、いろいろな悩みや迷いを抱えながら生きています。そんなときは遠く離れて、いつもとは違う視点から物事を眺めてみましょう。知らず知らずのうちに、視野が狭くなっていた自分に気づくかもしれません。当たり前だったことが、ありがたく感じられるかもしれません。

和光同塵

わこうどうじん

真のヒーロー

以前、正体を隠して児童養護施設などにランドセルや文房具を寄付する人たちが出現したというニュースが、世間を賑わせました。立派な人ほど謙虚で、自分の行いを「すごいだろう!」などと自慢したりしないようです。

「和光」は身分を隠すこと、「同塵」は塵《ちり》の積もった汚れた世界。これは、持っている能力を見せびらかすことなく、俗世の中に入り込むという教えです。私たちも、そんなすばらしい余裕のある心を持ちたいものですね。

把手共行《はしゅきょうこう》

手を取り、ともに歩く

同じ夢や目標に向かう仲間は、かけがえのない存在です。苦楽をともにできる伴侶がいる人生は、温かく心強い。助けあい励ましあう誰かがいる、それだけでがんばれる気がしませんか？

隻手音声
せきしゅのおんじょう

五感を使って感じよう

「隻手音声」で、〝片手の音〟という意味。これは、禅の公案（禅問答…悟りを開くための課題）です。両手を叩かないと音は鳴らないのに、片手でどのようにすればいいのかと頭を悩ませてしまいますよね。

私たちはつい、目や耳から得る情報だけで物事を判断してしまいがちです。先入観や思い込みは捨てて、からっぽな心と頭で向き合う。それが、〝片手の音〟を感じるということです。

単刀直入

たんとうちょくにゅう

伝えたいことは直球がいい

誰かに何かを伝えるとき、「怒らせないかな」とか、「わかりやすいかな」とかいろいろ考えたのに、結局うまく伝えられなかったという経験はありませんか？

物事は、時にはストレートに表現するほうが伝わることもあります。それは、あなたの思いそのものだからです。気を遣って話していると、かえって相手に誤解を与えてしまうかもしれません。

黙　もく

言葉を使っていないだけ

「男は背中で語る」と言いますが、これは言葉より姿から学び取れという教えです。

沈黙は、時に言葉より多くのことを伝えます。それは、沈黙が単なる「間」ではなく、「言葉を発しない語りかけ」だからです。相手が黙っているときは、その「音のない深い語りかけ」を感じてみてください。

両忘《りょうぼう》

白黒つけることがすべてではない

正しいか間違いか、勝ちか負けか。このような二者択一的な考え方をやめましょうという教えが、「両忘」です。

日々を過ごす中で、私たちはさまざまなことを考えます。初めて会うこの人は、いい人だろうか悪い人だろうか。これは、実際に付き合ってみないとわかりませんよね。ちょっと悪いところもあるけど概ねいい人、なんていうこともあります。いつも最初から白黒はっきりさせようとしても、疲れてしまうだけです。柔軟に物事を捉えてみて。

阿吽《あうん》

強い信頼と結びつきがあるから成り立つ

両者の息がぴったり合った様子を、「あうんの呼吸」といいます。口を開ければ「あ」、閉じると「うん」。ふたつの間には何かが入り込む隙がないことから、きわめてスムーズで自然な関係を表しています。

あなたには、「あ」「うん」のような信頼関係を築くことができる人がいますか？

一無位真人《いちむいのしんにん》

もう一人の自分の声が聞こえますか？

私たちは普段、地位や学歴などといったさまざまな〝位〟を身につけながら生きています。それらに当てはめることができない、自分の中にいる真っさらなもう一人の自分、それが「無位の真人」です。

もう一人の自分は、悩んでいる自分に「それ、実は小さなことなんじゃない？」と気づかせてくれる大切な存在。あなたがどこでもきちんと気にかけていれば、いつでも顔を見せてくれるはずですよ。

月在青天水在瓶

つきはせいてんにあり
みずはへいにあり

ありのままの姿でいるのが一番

今は農業の技術が発達して、年中いつでもいろいろな野菜や果物を食べることができます。とてもいいことだと思いますが、やはり旬の時期に採れたものが一番おいしいですね。

「月在青天水在瓶」は、あれこれ工作するより、本来のありのままの姿が魅力的であり自然であるということ。これは、私たち人間も同じです。

コラム

精進料理① 禅が生んだ食べ物

精進料理は、修行僧が食べる料理のことです。「精進」には、修行に専念する、一生懸命に物事に取り組むなどといった意味があります。肉や魚といった動物性の食材は一切使わず、大豆などの穀物や野菜などでつくられますが、五葷《ごくん》と呼ばれる精のつく野菜（ねぎ・にら・たまねぎ・にんにく・らっきょう　など）は用いません。

精進料理というと特別なもののように感じられますが、例えばけんちん汁は、建長寺の修行僧が考えた「建長汁」が由来です。がんもどきは、動物性の食材の〝もどき（ニセ物・まがいもの）〟として食べられたものです。また、たくあんも、臨済宗の僧である沢庵《たくあん》和尚《おしょう》に由来するという説があります。私たちの食生活にも、知らず知らずのうちに溶け込んでいるのですね。

第4章　自分と向き合う

光陰如矢

こういんやのごとし

時は矢のように過ぎていく

夏服に衣替えをしていて、今年ももう半分過ぎたのか…と感じたことはありませんか？　「光陰」は太陽と月のこと。時の流れは、矢のようにとても速い。

時間を無駄に過ごすことは、チャンスを失うこととも言えます。一度失ったものを取り戻すことはできません。目的意識を持って、一時一時《いっときいっとき》を大切に進んでいきましょう。

主人公　しゅじんこう

〝自分〟は目覚めていますか？

「主人公」は、本当の自分。〝物語の主役〟ではありません。

会社に行けば「課長」、家に帰れば「お父さん」「お母さん」など、私たちはいろいろな役割を持っています。しかし、役割を担うことに一生懸命になりすぎると、いつの間にか「主人公」が寝てしまっていたなんてこともあります。いつでも、本当の自分に目覚めているか確認して！

莫妄想《まくもうぞう》

後悔や不安で心を満たさない

例えば、コンビニに行こうと思ったとき。この前大雨に降られたので、晴れているけどカッパを着ていく。買ったおにぎりでお腹をこわす可能性がないとも言えないから、毒味をしてもらう。

過去を後悔したり、未来を不安に感じたりすることを「妄想」といいます。妄想は、すべて自分の心がつくり出しているもの。反省したり先を見越したりすることは大切ですが、余計なことを考えすぎると前に踏み出せなくなってしまいますよ。

而今《にこん》

今日という日を大切に

今日のことを一番に考え、今日を大切に生きるという教えです。

私たちは、過去や未来にすぐとらわれてしまいます。しかし、時間を戻してやり直すことはできませんし、まだ起きていないことにいくら気を揉んでも何も生まれません。やるべきことは、今を確実に生きること。そうすることで、過去の失敗がいい経験に変わり、未来への道筋が見えてくるのです。

桂花露香《けいか》

魅力ある人間になろう

「桂花」は、キンモクセイのこと。魅

香りのする花は、そこについた露さえも芳しいという言葉です。例えば、ベテランの俳優さんには、オーラのようなものを感じますよね。修練によって磨き上げられた人格は、何をしていても雰囲気がそれを語るのです。

好事不知無

こうじもなきにはしかず

常に上を目指せ！

どんなにいいことでも、ないほうがマシという教えです。例えば、昇進。偶然おさめた成功が評価されて、役職に抜擢された。給料も増え、家族の見る目も変わったけれど、実力が伴っていないから評価がついてこない。次第に居づらくなって、会社を辞めることになってしまった。

いいことが起こったとしても、慢心してはいけません。どのような状況でも努力を続ければ、「ないほうがマシ」という事態にはならないはずですよ。

寒松一色千年別
かんしょういっしき せんねんべつなり

厳しい日々を耐える

松は、雨風が強く打ちつける日でも、雪がしんしんと降る寒い日でも、常に青々と葉を茂らせています。その姿は、変わらずにあり続ける強さや頼もしさを、私たちに教えてくれているようです。

もしあなたが今困難に直面しているとしたら、あと少しだけがんばってみてください。厳しい冬の後には必ず暖かな春がやってくるように、この経験は必ずあなたを大きく成長させてくれるでしょう。

百花為誰開《ひゃっかたがためにひらく》

人生をありのままに生きる

春になり、あちらこちらで花が咲き始めると、私たちは幸せな気持ちになります。しかし、花は私たちを楽しませるために咲いているのではありません。ありのままに咲いているだけです。

日々を過ごす中で、私たちは誰かに褒められたいと感じたり、何のために生きているのだろうと落ち込んだりすることもあります。そんなときは、花の咲く姿を思い出してください。何も言わず、何物にもとらわれず、与えられた命を全うすることの大切さに気づくことができるはずです。

独釣寒江雪

ひとりつるかんこうのゆき

没頭する

この禅語は、雪が降る寒い中、川に舟を浮かべて一人釣りをするという情景を描いています。

世の中には、職人気質《かたぎ》の人たちがいます。朝から晩まで、時には寝る間も惜しんで作業に没頭し、よりすばらしい作品を生み出そうとする姿はとても美しい。あなたも、時が経つのを忘れるくらい打ち込めることを探してみては？

無功徳《むくどく》

感謝や見返りは期待しない

私たちは誰かを手助けしたとき、つい心のどこかで感謝やお礼を期待してしまいがちです。しかし、そのような考えは、せっかくのあなたのすばらしい行為を台無しにしてしまいます。

親切はそれ自体が非常に尊い行いであり、誰もが実践できるものではありません。そのことに気づき、誇りに感じることができれば、あなたはより大きな満足感と幸せを得ることができるはずです。

第４章　自分と向き合う

担雪填井《ゆきをになってせいをうずむ》

ムダは無駄ではない

発明や研究などは、その成果が認められれば拍手喝采ですが、そこに至るまでは見向きもされないどころか、お金と時間の無駄と言われてしまうことさえあります。

「担雪填井」は、井戸を雪で埋めること。一見無駄で終わりの見えない行為でも、努力を積み重ねる姿は尊いという教えです。たとえ小さくても、自分にできることをコツコツと積み重ね、道を切り開いていきたいですね。

直心是道場《じきしんこれどうじょう》

見つめ直す

「直心」は、まっすぐな心のこと。心を静寂に保っていれば、どんな場所でも修行の場（道場）となるという教えです。

「あの人と出会っていなければ、こんな状況にはなっていなかった」。辛い状況に陥ると、私たちはつい自分以外の誰かに原因を求めてしまいがちです。しかし、どんな場面でも心を落ち着かせて、自分を見つめ直してみましょう。

萬法一如《ばんぽういちにょ》

表面的な差にはとらわれない

世の中には、一人として同じ人間はいません。見た目も違えば、生まれた場所も考え方も違います。自分と誰かを比べ、「こうだったらよかったのに」と愚痴をこぼしたくなることもあります。

しかし、私たちは結局のところ、皆同じ人間です。一日は二十四時間しかなく、命にも限りがあります。そう考えると、比べることには意味がないと思えてきませんか？

看々臘月尽

みよみよろうげつつく

時間を大切に

「看々」は〝見なさい〟、「臘月」は陰暦の十二月のことで、無駄に過ごしていると一年はあっという間に過ぎてしまうという教えです。

ニュースを見ていると、人一倍長生きする方がいる一方で、不慮の事故などで突然命を落としてしまう方がいることに気づかされます。命はいつか尽きます。それがどのタイミングかは、誰にもわかりません。叶えたい夢や目標があれば、今から動き始めてみませんか？

自灯明《じとうみょう》

自分の中にある〝光〟を信じて
前に進む

私たちは、多くの人に助けられながら生きています。両親や先輩などは、いろいろなことを教えてくれたり、正しい方向を指し示してくれたりする心強い存在です。

しかし、やがて独り立ちしなければならない日が訪れます。先々に不安を感じることもあるでしょう。でも、大丈夫。これまで培ってきた見識や判断力があれば、どんな道も胸を張って進むことができるはずです。

コラム

精進料理② 食べることも修行

精進料理では、曹洞宗の開祖である道元によって書かれた『典座《てんぞ》教訓《きょうくん》』と『赴粥飯法《ふしゅくはんぽう》』がよく知られています。

前者は「食材は、自分の瞳のように大事にしなさい」など、典座（禅堂における食の責任者）が行わなければならないことを説いています。後者は、食器の扱い方や「話をしない」など、食事をいただく際の僧の作法について説いています。このような書が存在することからも、禅寺では食事をいかに大切なこととしてとらえているかがわかりますね。

現代の私たちは、いつでも手軽に、好きな分だけ食品を手に入れることができます。たとえコンビニのお弁当やサンドウィッチでも、作ってくれる人がいること、さまざまな「命」に生かされていることに感謝しながら、大切にいただきましょう。

第5章　一歩を踏み出す

夢 ゆめ

今を大切に生きる

あなたは、小さいころにどんな夢を持っていましたか？　世界中を旅するパイロット？　たくさんの子どもに囲まれたお母さん？

この世は、儚いものです。常に移り変わり、永遠のものなどありません。だから私たちは、一瞬一瞬を大切に生きなければなりません。今のあなたの夢は何ですか？　今からでも、遅くはないはずです。

一心《いっしん》

大切なのはあなたの思い

一昔前は、主役がわき目も振らず、夢や目標に向かって一生懸命打ち込む泥臭い青春ドラマがたくさんありました。しかし、いつの間にか、そのような姿は〝恥ずかしいこと〟とする空気が、世の中に蔓延してしまったような気がします。

いつの時代も、状況を好転させるのは〝強い思い〟です。たとえ条件が揃っていても、心が伴わなければ何も生まれません。もし叶えたいことがあるならば、集中してエネルギーを注ぎ込みましょう。人目を気にしている場合ではありませんよ?

いろは

手を抜いてはいけません

「いろは」とは、物事の基礎のこと。土台がしっかりしていなければ積み上げていっても崩れてしまうように、基礎は最も大切な部分です。

何かを学ぶとき、「基礎的なことばかりやっていていいのだろうか」と感じることもあるかもしれませんが、後になって「やっておいてよかった」と思えるのも「いろは」なのです。

工夫《くふう》

自由自在に考える

禅語の「工夫」は、心を自由にして臨機応変に考え、やってみること。坐禅は「静の工夫」、掃除などの〝作務《さむ》〟は「動の工夫」と言います。

例えば、会社の同僚が風邪で休んでしまい、予定外の仕事を回されてしまったとき。新たな発見や出会いが生まれるかもしれない、と思いながらやってみてはいかがでしょう。工夫次第で、日常のあらゆることが有意義に感じられるようになるはずです。

喝《かつ》

心にビンタ！

「喝」は叱るときに使うイメージがありますが、モヤモヤした気持ちを断ち切ったり、緩んだ気持ちを引き締めたりする意味もあります。迷ったり、やるべきことがありすぎてよくわからないというときは、自分に「喝！」。軟弱な心を、シャキッと引き締めましょう。

時時勤払拭

じじにつとめてふっしきせよ

毎日やるから意味がある

禅寺の床は、鏡のようにピカピカです。毎日せっせと拭《ふ》き続けると、次第に光沢のある輝きを放つようになるのです。

人間の心も同じです。毎日磨いてあげれば、曇りのない状態でいることができます。しかし、横着して手を抜けばたちまち埃《ほこり》や塵《ちり》が積もり、くすんで何も見えなくなってしまうでしょう。その日にやるべきことは、その日に行う。この積み重ねに意味があるのです。

冷暖自知《れいだんじち》

実際に触れてみよう

インターネットが発達して、私たちはいろいろなことを簡単に知ることができるようになりました。世界各地の画像を見て、旅をしている気分になることもできます。しかし、凱旋門がどれくらい大きいかとか、砂漠がどれだけ暑いかとかは、実際に目で見て肌で感じてみないとわかりません。時間もお金もかかりますが、身をもって体験したことはあなたに大きな「財産」を与えてくれるはずです。

第5章　一歩を踏み出す

無一物中無尽蔵《むいちもつちゅうむじんぞう》

無限大の可能性

「無一物」は何も持っていないこと、「無尽蔵」は限りない可能性があることです。

例えば、会社に入りたての新入社員。彼らにはまだ何も知識がありませんが、知識がないからこそ多くの可能性を秘めているとも言えます。これまでたくさんの経験を積んできたあなたも、変なこだわりやプライドを一切捨てれば、すばらしい新たな道が見えてくるかもしれません。

只管打坐《しかんたざ》

取り憑かれたように集中する

坐禅は心身を安定させるために行うイメージがありますが、これは誤りです。ただひたすら、無心で座ることとだけに集中することで、自ずと心身が調《ととの》うのです。この、〝ひたすら座る〟という教えが「只管打坐」です。

難しく考える必要はありません。例えば、好きなこと、与えられたことにひたすら打ち込む。それだけで、只管打坐の境地に近づくことができるはずです。

水到渠成《すいとうきょせい》

結果は必ずついてくる

　学生時代に先生から、「一日五分勉強や読書をすれば、一か月だと二時間以上になる」と言われたことはありませんか？

「水到渠成」は、水が流れてくれば、自然と溝ができるということ。人がバカにしてやらないことでもコツコツ続ければ、実を結んだり、大成したりするという教えです。あなたも、自分が信じた道を歩いてみませんか？

風来自開門

かぜきたりておのずからもんひらく

チャンスを逃すな！

風が吹いて自然と門が開く、つまりチャンスは必ずやってくるという教えです。

漫然と毎日を過ごしていては、私たちはチャンスに気づくことはできません。仮にチャンスが巡ってきたとしても、十分なスキルが身についていなければ、結局無駄にしてしまいます。見るもの聞くものすべてにアンテナを立てる、目的意識を持って励む。そんな地道な努力を、怠らないようにしたいですね。

知恩報恩《ちおんほうおん》

師匠は越えるためにいる

師匠からの恩に気づくことで、弟子はそれに報いることができるという禅語です。

私たちのまわりには、さまざまな師匠がいます。親、上司、習いごとの先生などもそうですね。師匠は多くの知識や技術、成長を与えてくれます。厳しさのあまり逃げ出したくなることや、納得できないこともあるでしょう。しかしそれらはすべて、あなたを思ってのこと。いつの日か師匠を越えられるよう、鍛錬を重ねましょう。

家和万事成

いえわしてばんじなる

家は心の拠りどころ

　家に誰かがいるという安心感は、大きいものです。話をしたり、一緒にご飯を食べたり。そこでもらったエネルギーで、私たちは次の日もがんばれます。「家和万事成」は、家がくつろげる場所であるからこそ、いろいろなことが成し遂げられるという教えです。家族には、常に感謝の気持ちを伝えるようにしましょう。疲れているのはお互い様。ケンカをしても引きずらない。それが、家を心地いい場所に保つ秘訣です。

曹源一滴水《そうげんのいってきすい》

やがて大きな力となる

「曹源」とは、曹渓という川の上流に住んでいた慧能《えのう》禅師のことです。日本の禅宗のルーツとなる人物で、一滴の水が大きな川になっていくように教えが広まったことから生まれた禅語です。

何かを成し遂げるのは、とても大変なことです。最初は手を取り合っていた仲間も、さまざまな事情から離れていくこともあります。しかし、根気強く続けていれば大成し、協力者は現れます。決してあきらめないでください。

八風吹不動 はっぷうふけどもどうぜず

信念を持っていれば動じることはない

夢や目標を叶えるために、心の中の炎を赤々と燃やし続けることは容易ではありません。さまざまな誘惑があったり、ちょっかいを出す者が現れたり。このような、あなたを邪魔する状況を「八風」と言います。

あなたが行く道には、常に八風が吹いています。しかし、自らを律する強い心を持つことができれば、くじけることなくまっすぐ進んでいくことができるはずです。

コラム

十牛図　悟りとは何か

禅の悟りに至る道筋を、十枚の絵で示した「十牛《じゅうぎゅう》図《ず》」というものがあります。

十牛図は、童子が自分探しの旅を始める場面から始まります。旅する中で牛（本来の自分）の足跡を見つける場面、修行に励むことで次第に牛が見えてくる場面、力づくで牛を捕まえる場面、その牛を飼いならす場面、牛の背に乗って帰る場面、家に戻るものの牛のことを忘れてしまう場面、自分のことも忘れてしまう場面、牛を探しに行く前と変わらない自然の美しさに気づく（悟りを開く）場面、普段の生活に戻り、街に出て慈悲をふりまく場面があります。

自分探しの旅に出た童子が本当の自分に目覚め、悟りを得る。そして、その悟りのあとを見せず、世間の中に入っていく。その人に触れる人が皆、救われていく。十牛図は、こうした過程を表しているのです。

第6章　心をラクにする

晴耕雨読

せいこううどく

無理はしない

晴れた日には外で農作業、雨の日には家で勉強。環境に惑わされず、無理なく変化することの大切さを説いています。

私たちは、いまいち気分が乗らない日もあれば、やる気があり余る日だってあります。どんな気分でも一定の結果を出すのが大人だろうと言う人もいますが、無理すれば身体も心も疲れ果ててしまいます。そんなときは、心の声と相談。疲れたら休みながら進むことが、うまくやっていくコツです。

下載清風《あさいのせいふう》

それ、重くないですか？

あなたは今、不安や悩みといったわずらわしいものを抱えていませんか？右にフラフラ左にフラフラ、危うく道を踏み外して転びそうになっていたりしたら大変です。

この禅語は、積み荷を降ろした船は、風に乗って軽やかに進んでいくというものです。心が重いと感じたら、重荷を降ろしてラクになることが一番ですよ。

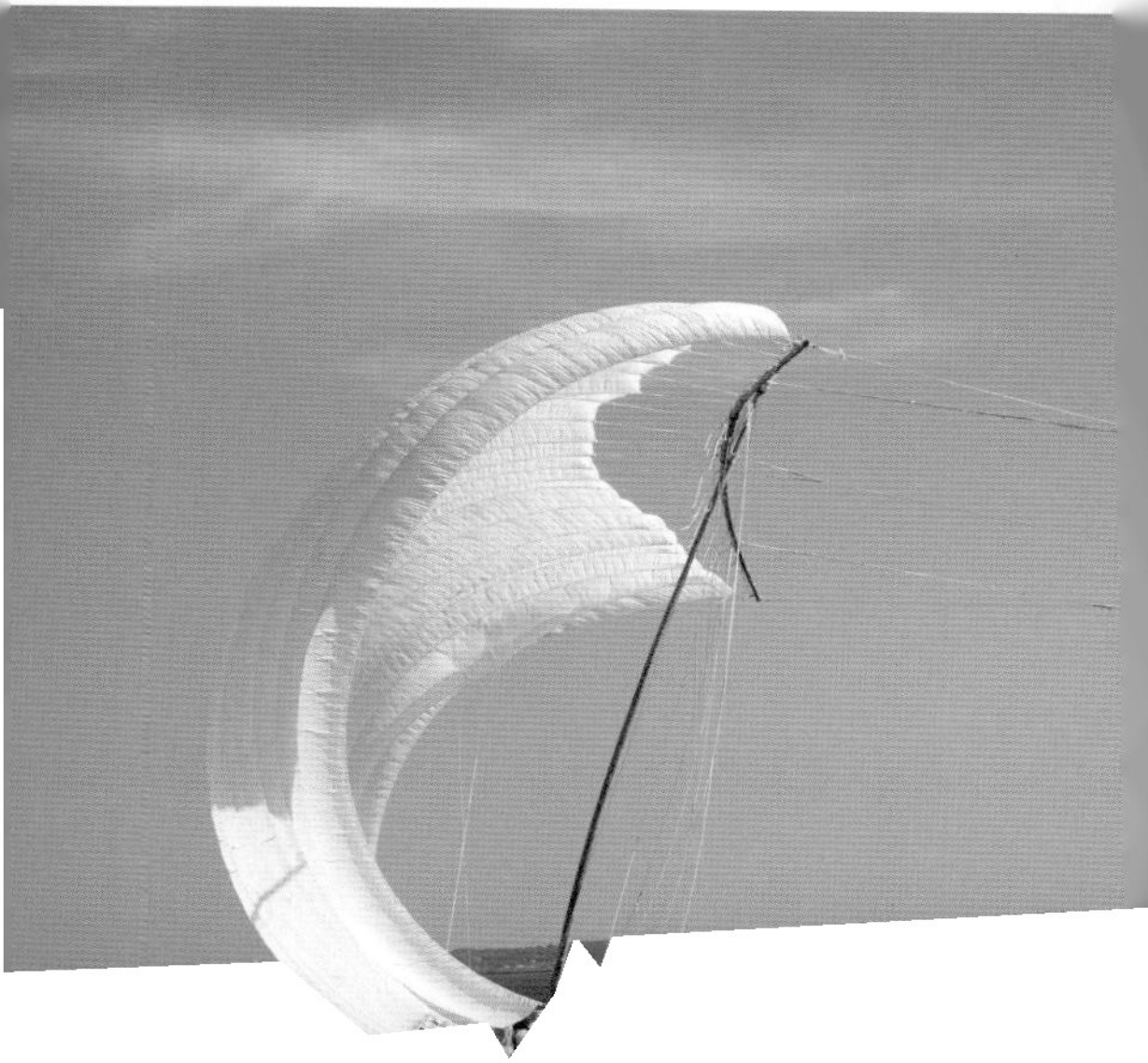

行雲流水

こううんりゅうすい

のびのび生きる

これは、小さなことによどむことなく、伸びやかにそして自由に進みなさいという教えです。修行僧のことを「雲水《うんすい》」と言いますが、この境地に由来します。

家族や生活、地位や評判など、私たちには守るべきものがたくさんあります。しかし、それらを守ろうとするあまり、新しいことに挑戦する気持ちを押さえつけていませんか？　小さなことにひっかからず前に進んでいく。怖がらずに始めてみましょう。

明珠在掌

みょうじゅたなごころにあり

いいところは必ずある

「明珠」は宝物、「在掌」は手の中にあるという意味です。あなたは仕事ができる同僚を見て、羨ましいと感じたことはありませんか？　自分にないものを持っている人は、輝いて見えるものです。しかしそれと同時に、他人が持っていないものをあなたは持っているかもしれません。

自分のいいところは、まわりから言われて初めて気づくこともあります。自分の長所をのばし、胸を張って！

名利共休《みょうりともにきゅうす》

名誉やお金に固執しない

名誉（名）もお金（利）も追わずに生きる、という教えです。お金のトラブルは、必ずと言っていいほど人間関係をダメにします。名誉もこだわりすぎると、気づいたときには他人を蹴落としてまで手に入れようとしているもの。欲望とは恐ろしいものです。それならいっそのこと「すべていりません！」と言いたいところですが、なかなか難しい。せめて、それらに惑わされない心だけは常に持っていたいですね。

柳緑花紅

やなぎはみどり　はなはくれない

余計な深読みはしない

会社で忙しそうに仕事をしていると、よく「手伝おうか？」と声をかけてくる同僚。食事や遊びに誘うきっかけをつくろうとしているのかなと疑ったけれど、下心は全くなく、純粋な気遣いだった。

「柳緑花紅」は、あるものをあるがままに見て感じるという教えです。余計な深読みは何も生みません。言葉は言葉どおりに、素直に受け取りましょう。

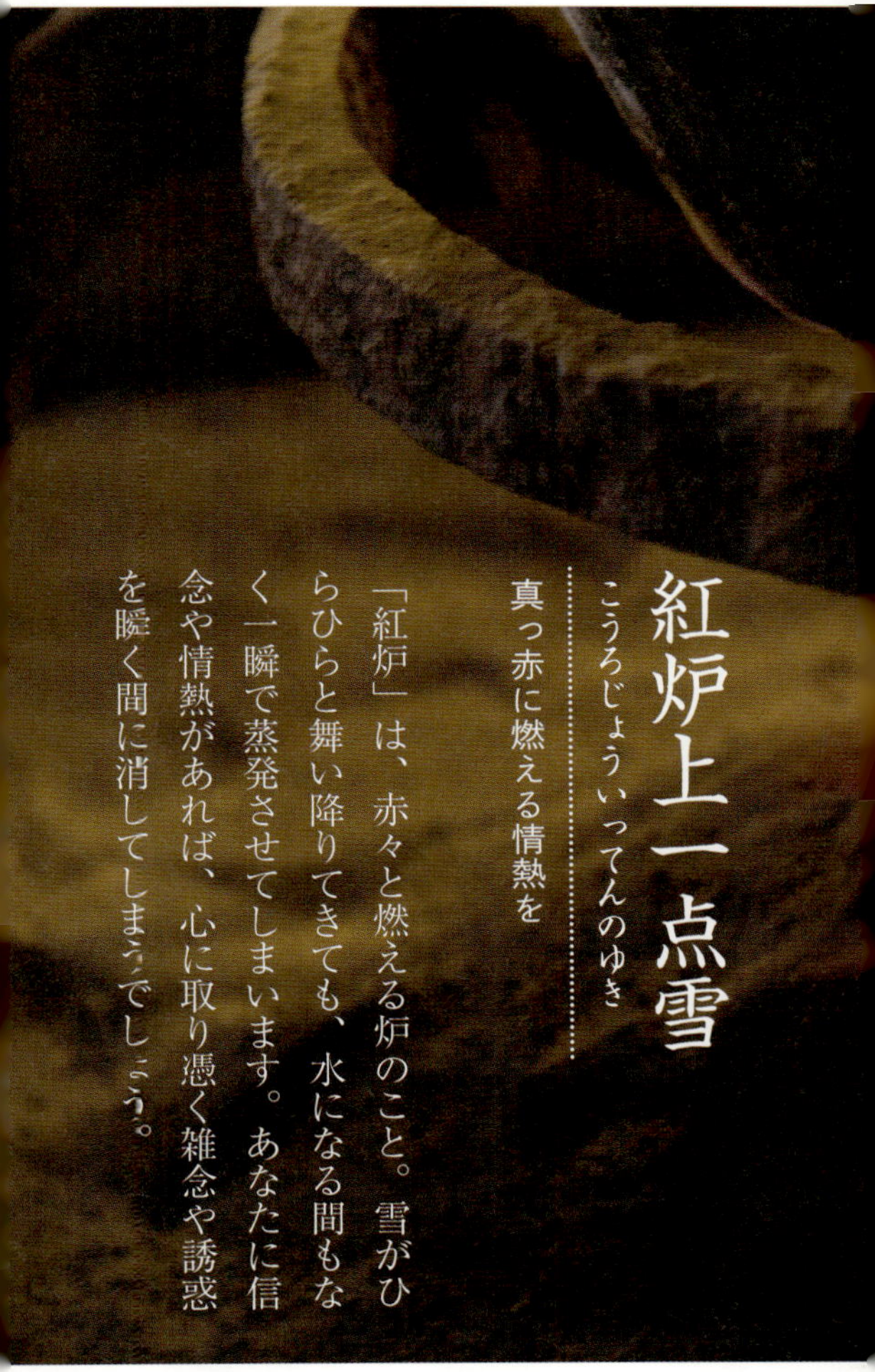

紅炉上一点雪《こうろじょういってんのゆき》

真っ赤に燃える情熱を

「紅炉」は、赤々と燃える炉のこと。雪がひらひらと舞い降りてきても、水になる間もなく一瞬で蒸発させてしまいます。あなたに信念や情熱があれば、心に取り憑く雑念や誘惑を瞬く間に消してしまうでしょう。

放下着《ほうげじゃく》

余計なものは捨てる

あなたの部屋は、物で溢れていませんか？　いつか何かの役に立つかも、思い出が詰まっているから処分できないなどと言っていると、物はどんどん増えていく一方です。

「放下」は捨てること、「着」は命令。いつまでも大事に抱えていないで、すべて捨てなさいという教えです。部屋の片づけが終わったら、心の片づけも忘れずに。執着やプライド、悩みや迷いは一切捨てましょう。

花謝樹無影

はなしゃしてきにかげなし

その日を静かに待つ

花はしぼみ、葉もすっかり落ちてしまった木々。枯れてしまったのではなく、来るべき春のためにじっとエネルギーを蓄えているのです。チャンスは、思うようなタイミングで訪れません。いくらいい仕事をしていたって、評価されないときもあります。そんなときは、焦りやイライラを抑えて静かにじっと待つ。それは、決して無駄な時間ではありません。大きな花を咲かせるために必要な、準備の時間なのです。

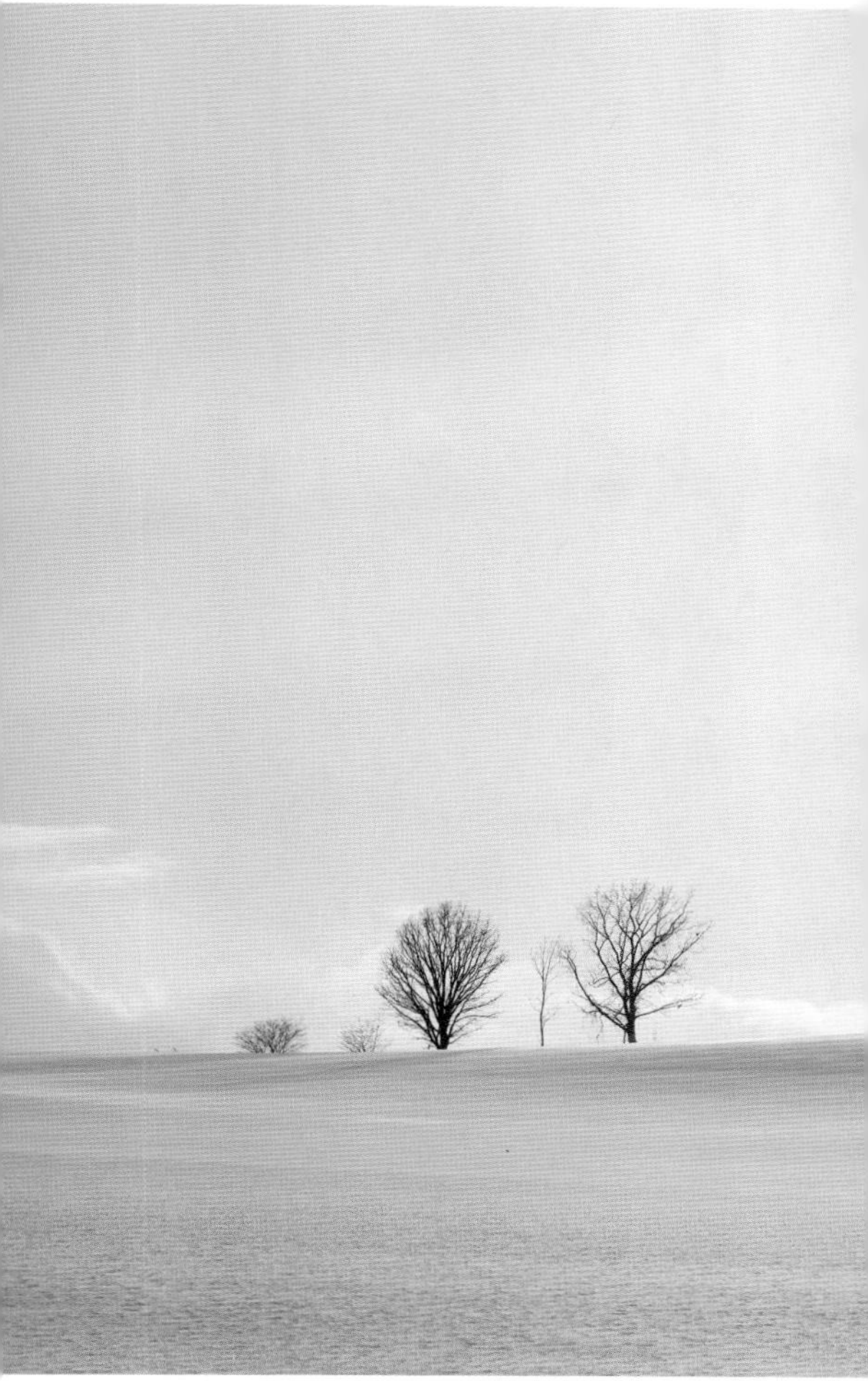

水急不流月

みずきゅうにしてつきをながさず

自分を見失わない

川は勢いよく流れていても、水面に映る月が流れていくことはない。この禅語は、私たちの心の有り様を説いています。

世の中にはたくさんの情報が、ものすごいスピードで流れています。今日起こったことが一か月も経たないうちに忘れ去られたり、安全だと言われていたものが実はそうでないと判明したり。何を信じていいのかわからなくなってしまいますが、大切なのはどんなことがあっても、揺れ動かない信念です。

平常心是道《びょうじょうしんこれどう》

普段からの心がけ

これは、仏道とは特別なものではなく、日常生活そのものであるという教えです。修行は悟るためにするものでも、〝これを為せば悟れる〟というものでもないと説いています。

例えるならば、人一倍早く出社して、毎朝せっせとオフィスを掃除している同僚。誰かに怒られるからとか、褒められたいからではなく、ただ「皆がきれいな場所で、気持ちよく仕事ができればいい」と微笑みながら話す姿は、まさに「平常心是道」ですね。

壺中日月長《こちゅうじつげつながし》

時間に追われない暮らしを

これは、壺の中に招かれて心地よい時間を過ごしていたら、外の世界では何十年も経っていたという物語から生まれた禅語です。

暮らしの中には、時間で区切られることがよくあります。「あと五分で書類を書き上げなければならない」と思うと、時間に支配されてしまいますが、「この書類を五分で書くぞ」と考えれば、自分の意思で時間を使うことができます。あなたの心次第で、時間に使われない生活ができるのです。

魚行水濁

うおゆけばみずにごる

痕跡はハッキリと残る

魚が泳げば水は濁る。つまり、隠そうとしてもその痕跡は残るという教えです。

悪いことをすれば〝足がつく〟のは当然のこと。しかし、〝いいこと〟だって隠し切ることはできません。誰かの目に、必ず留まるはずです。たとえそうならなかったとしても、一つひとつの行為があなた自身をつくり、あなたの人生となっていくのです。

一日不作一日不食《いちにちなさざれば いちにちくらわず》

自分ができることをする

これは、その日にするべきことをしなければ、その日は食べないということ。働かなければ食べる権利がないということではなく、そのような心を持とうという教えです。

仕事や家事など、私たちはそれぞれやるべきことを持っており、お互い支え合いながら生きています。あなたがケガをしたり、歳をとったりして思うように動くことができない場合でも、できることを見つけて行いましょう。

白雲自去来《はくうんおのずからきょらいす》

時には割り切ろう

きれいな富士山の写真を撮るために早起きして来たけれど、雲が邪魔してよく見えない。待っても待っても変わらないので、諦めてご飯でも食べて帰ろうと街に車を走らせたら、急に晴れ出した。

私たちの心に湧いてくる欲や煩悩《ぼんのう》も、雲のように気まぐれです。消そうとがんばってみても、忘れたいと一生懸命祈ってみても、思いどおりには動いてくれません。自然にさからうことなく、大きな気持ちで構えましょう。

［監修］武山 廣道（たけやま こうどう）

1953年生まれ。73年、正眼専門道場入門。天下の鬼叢林（おにそうりん）といわれた正眼僧堂にて多年修行。96年4月、白林寺住職に就任。2011年3月、全国宗務所長会会長就任。12年、臨済宗妙心寺派宗議会議員・名古屋禅センター長・文化センター講師など宗門の興隆に勤しむ。

監修本に『心があったまる般若心経』『くり返し読みたい禅語』『禅語エッセイ』『お寺の教えで心が整う　禅に学ぶ　台所しごと』（すべてリベラル社）がある。

参考文献

『ほっとする禅語70』（二玄社）

『心があたたまる 禅の言葉』（宝島社）

『禅を知りたい』（枻出版社）

『NHK 趣味どきっ！お寺の知恵拝借』（NHK出版）

ほか

装丁デザイン	田端昌良
本文デザイン	渡辺靖子（リベラル社）
編集	上島俊秀（リベラル社）
編集人	伊藤光恵（リベラル社）
営業	津田滋春（リベラル社）

編集部	鈴木ひろみ・堀友香
営業部	廣田修・青木ちはる・三田智朗・三宅純平・栗田宏輔・髙橋梨夏・中西真奈美・保田亮・榎正樹

写真提供　清水知成・PIXTA・Shutterstock.com

はじめて読む 禅語

2017年 7月28日 初版
2022年 5月26日 再版

編　集　リベラル社
発行者　隅田 直樹
発行所　株式会社 リベラル社
〒460-0008 名古屋市中区栄3-7-9 新鏡栄ビル8F
TEL 052-261-9101　FAX 052-261-9134
http://liberalsya.com
発　売　株式会社 星雲社（共同出版社・流通責任出版社）
〒112-0005 東京都文京区水道1-3-30
TEL 03-3868-3275

ISBN978-4-434-23614-3 C0014 213003